SABRINA LISKA

if SOULS could whisper

Poesie

Impressum

Bibliografische Information der Deutschen Nationalbibliothek: Die Deutsche Nationalbibliothek verzeichnet diese Publikation in der Deutschen Nationalbibliografie; detaillierte bibliografische Daten sind im Internet über dnb.dnb.de abrufbar.

© 2025 Sabrina Liska

1. Auflage, April 2025

Covergestaltung: Altersberger Werbeagentur – Dominik Altersberger

Buchsatz: Papyrus Autor

Bildmaterial: Selbst erstellt mittels Canva App

Verlag: BoD · Books on Demand GmbH, Überseering 33,

22297 Hamburg, bod@bod.de

Druck: Libri Plureos GmbH, Friedensallee 273, 22763 Hamburg

ISBN: 978-3-7693-5679-3

Für diejenigen, die zu sehr lieben und sich darin verlieren.

Für euch, die ihr in Wahrheit die Gewinner seid.

Liebe Leserinnen und Leser!

Dieser Gedichtband ist eine kleine Sammlung an Kurz-
gedichten und Poetry Slams. Einige davon spielen eine
wesentliche Rolle in „Be my light" (Bd. 1 der Golden-
Falls-Trilogie), denn in Wahrheit hat Madison sie
geschrieben. Wenn die Seele leise wispert und das Herz
etwas zu sagen hat, dann tut es das manchmal nämlich viel
leichter auf Papier.

Und während die Clique in Golden Falls weiter feiert, sich
streitet und wieder versöhnt, gemeinsam Spaß hat und tolle
Momente erlebt - einfach drauf los lebt, sozusagen –
schreibt Maddie natürlich weiter.
Denn ihr Notizbuch hat sie schließlich immer in ihrem
Chaos mit dabei. Man kann ja nie wissen.

Und jetzt:
F Ü H L E N

Madison
Stevens

Medaillen

Wenn Narben Medaillen sind,
aus Worten Musik wird,
und aus Tränen bloß Glitzer,
dann ist das Leben viel mehr bunt
als bitter.

Ewiglich

Und sei es bloß ein Tag in meinem Leben,
so weiß ich,
der Zauber des Anfangs
würde ewig währen.

XOXO

Alles, was wir fühlen, tun oder sagen, hat
keinen reellen Wert, wenn man es nicht
wirklich zulassen kann.

Wenn man nicht darin versinken kann, wie in
einer zu vollen Badewanne, in der einem das
warme Wasser behutsam umhüllt und den Rest
der Realität für eine Zeit lang einfach
aussperrt.

Gefühle, Worte und Taten sind nichts wert,
wenn man sie nicht annimmt, und ich stehe mir
noch immer selbst zu sehr im Weg.

Irres Gefühle

Gefühle sind nur irres Gefühle,
wir tun nichts gegen all das Getue
und alles Gesagte ist nur
lautes Gerede.

Herz·schmerz

/ˈhɛrtsʃmɛrts͜Hérzschmerz/

Substantiv, maskulin [der]

durch eine unglückliche Liebesbeziehung
entstehender seelischer Schmerz

Herzscherbenmeer

Allein sein,
ist wie eins sein,
mit mir und meinem Selbst,
ganz im Hier und Jetzt.
Weil ich mich manchmal selbst versetze
und meine Prioritäten verletze.

Ist es Freiheit
wonach meine Seele schreit?
Oder das Spiel mit dem Feuer?
Nein, das wäre hierfür zu teuer.

Ich kann nicht klar denken,
mich nicht mehr selbst lenken.

Denn bald war's das
mit dem rosigen Empfang der Glücksarme,
wenn ich nicht endlich riskiere und mich
diesen ewig fortschreitenden Träumen
erbarme,
die ich voller Elan Liebe nenne,
doch im Wahrsten nicht wirklich kenne.

Hab Hunger auf mehr,
doch wenn da bloß das Wörtchen
WENN
nicht wär.
Dann stünde ich längst nicht mehr hier
und
neben mir läge nicht das
zusammengefegte Herzscherbenmeer.

Stattdessen trete ich zappelnd
und einsam ringend nach Atem,
auf kristallene Spitzen,
die nicht mehr in meinem Herzen sitzen.

Verflixt und zugenäht,
der Liebeshahn ist zugedreht.
Ich höre nichts und doch bist es du,
denn dein Herz schreit, und ich lass es zu.

Beide allein
und das lässt uns in Einsamkeit
zusammen sein.
Zappelst du auch im Meer deiner
Herzscherben,
oder hast du es bereits
jemand anderem gegeben?

Wie wär's mal mit:
Ungehemmt den Sprung ins Unbekannte
wagen oder
sein Herz mal wieder auf der Zunge zu
tragen?

Doch Spontanität ist was für die Mutigen
und
ich würde daran bloß zugrunde gehen.
Was, wenn ich dir vorsing'
von meiner Liebelei?
Besser, ich lass es sein.

Ich pack mich am Arm und
Zieh mich dran hoch,
wie sehr wünscht' ich mir bloß,
deine Lippen zu spüren,

doch wie sehr würd' ich mich dann wieder
selbst verlieren?

Denn nichtsdestotrotz wär ich wieder
allein,
nur du würdest diesmal die Einsamkeit
nicht mit mir teilen.

So ist das doch, wenn der eine
mehr liebt,
und der andere auch ohne den einen
hoch fliegt.

Sonne im Herzen

Und da sind diese Tage,
unzählbar, wenn sie schmerzen.
Doch die, die ich zähle,
sorgen stets für Sonne in meinem
Herzen.

Welcome to Golden Falls

Gleichgesinnt

Sie sind so gegensätzlich,
anders als gleichgesinnt.
Sie haben sich gefunden,
und durch ihr anders sein verbunden.

Du bist ein Geschenk,
das ich nicht haben darf.

LÖSCHEN

Lieder

Und in der Sonne des Göttlichen finden
wir uns wieder,
dankbar für all die lauten
und leisen Lieder.

Gefühlsetwas

Ich wär gern bei dir,
doch noch immer sitze ich hier,
wartend und zaghaft ratend,
im Gefühlschaos watend.
Ich atme und frag mich,
was wär bloß, wär ich nur nicht so
ängstlich.
Doch wer sagt nicht gerne wie's wär,
ohne zu wissen, wie es ohne „wär" wär.

Ich laufe und curve,
scheint, als ob ich surfe.

Was soll dieses ganze I love you,
vor dem ich mich ziere, so ganz untrue.
Denn eigentlich ist es wie bei einem
Bungee-Jump,
man stürzt sich hinein und fühlt wie
das Herz bumped.

Sei mutig, sag ich in Unmut
und stetig wandelnd in Tummult.

Und ich geb nur klein bei und dann doch
nicht,
ich wag's nicht und dann irr ich,
verzweifelt durch diesen Herzbann,
ständig fragend: »Wann ist mein Herz
dran?«

Und dann fällt's mir ein,
ganz und gar unglaublich – so glaub ich.
Die Perfektion, die dem, was wir
hatten, nachgeht,
ist zur Gänze beachtlich.
Trau dich und mach es,
geh's einfach ein dieses Wagnis.
Doch ich bleib hier und steh' in
meinem Sumpf,
in dessen Angebot gibt's Tränen
und kein bisschen Mumm.

„Nein", „vielleicht", manchmal „ja"
Und „ähm doch nicht".
Das sind Floskeln, die in meinem Kopf
sind.

Sie flattern wie Kolibris,
so schnell wie Ferraris,
doch nur nicht so farbenfroh und
Schnickschnack-glitzernd,
denn mein Herzdingschmerz
und dieses Gefühlsetwas
stehen kalt wie Securitys an der
Wand.

So bleib ich verzweifelt,
nach Herzpflastern greifend und reife
mit meinen Symptomen,
die hier nun als Untermieter wohnen.
Klar, kommt rein in die gute Stube,
Platz für euch alle, nur zu genüge.

Glückshandwerk – entgleist,
Herzflattern – verreist.
Liebesfeuer – vereist.
Loveguru – pensioniert,
Lebenswegweiser – verirrt,
Selbstbewusstsein – introvertiert.

Und dann fällt's mir ein,
ganz und gar unglaublich – so glaub ich.
Die Perfektion, die dem, was wir
hatten, nachgeht,
ist zur Gänze beachtlich.
Trau dich und mach es,
geh's einfach ein dieses Wagnis.
Doch ich bleib hier und steh' in
meinem Sumpf,
in dessen Angebot gibt's Tränen
und kein bisschen Mumm.

Glaub mir, I believe I can fly,
mit dir, so ganz side by side.
Man sieht sich immer zweimal und
niemand will seine Zukunft allein
malen.

Gemeinsam sammeln wir memories,
unter Aufsicht von
planlosen paperplanes.

Doch was, wenn ich dir sage – I like it!
Kommst du mit?

Be my light

Glücksdinge

Wir können alle magisch sein,
uns kreieren, was wir brauchen,
und dann von Herzen lachen,
über die vielen Dinge,
die uns glücklich machen.

OVERTHINKER

Cringe

Du findest mich ein wenig cringe,
denn Serien watche ich binge.
Du meinst, ich overthinke,
doch nur, weil ich 24/7 an dich denke.
Du willst wissen, ob ich's cozy bei dir
finde,
und ich sag dir jedes Mal, was mich
mit dir verbindet.

Und ich?
Ich finde dich unglaublich,
denn auf deine Worte bau' ich.
Ich meine, dass du nicht alles sagst,
doch nur, weil du nicht gerne wagst.

Ich will wissen, ob du's ehrlich mit
mir meinst,
aber du sagst mir kein einziges Mal,
wie du es dir zusammenreimst.

Lass uns sehen

Kannst du bitte
meine Hand halten, nicht zu fest?
Worte flüstern, nicht zu leise?
Mir in die Augen blicken, nicht zu
kurz?

Mich sehen?

Zulassen – Weglassen – Loslassen

Lass nicht los

Wenn du wüsstest,
was ich fühle,
wenn du mich berührst,
ließest du mich los,
aus derselben Angst,
uns zu verlieren.

TAG

Träumer

und Nachtdenker

Viben

Bin Tagträumer und Nachtdenker.
Tags träume ich von
dir und mir im
Sternenlicht & Mondgeflüster.
Bei
Weinwahrheiten & Bucketlisten.

Nachts denke ich an
Haut an Haut & Finger verschränken.
Nasenspitzenküsse & Grübchen ent-
decken.
Gemeinsam viben.
Bei dir zu bleiben.

Doch
bin Tagträumer und Nachtdenker.
Tags träume ich von
dir und mir.
Nachts denke ich an
dich.

Und am Ende bin es bloß ich.

uns

Gefühl

Du hast mir
ein Gefühl gegeben.
Zwei oder drei oder…
Sonne und Freude,
Mond und Kraft,
Sterne und Worte,
dich und mich.

Du hast mir ein Gefühl gegeben.
Uns.

we won

Wir sind Gewinner

Und ich verlier' mich
jedes Mal,
wenn du lachst,
mich ansiehst,
mit mir sprichst.
Nicht, dass es tatsächlich
Verlieren ist.

Denn das,
was wir haben,
das kann man nicht erklären.
Und das ist okay.

Es ist unsers.

Lieblingsmelodie

Sterne funkeln heller und
Wasser plätschert lauter.
Die Vögel singen deine Melodie und
der Wind erzählt Geschichten wahrer.
Feuerzungen tanzen wilder und
das Holz, das knistert vielversprechend.

Immer wirst du bei mir sein,
dein Versprechen niemals brechen.
Ein starkes Band, das selbst der Tod
nicht entzweit und Liebe,
die im Jenseits gedeiht.

Sterne funkeln heller und
Wasser plätschert lauter.
Vögel singen deine Melodie und
der Wind erzählt Geschichten wahrer.
Feuerzungen tanzen wilder und
das Holz, das knistert vielversprechend.

All das bist du und
dir hör' ich am liebsten zu.

.

Rainy days, coffee & books

Listen to your favorite playlist to have a great day.

Wie ich

Ich mag Regen,
weil er die friedvolle Stille
durchbricht.
Mag den Donner und was er
mir verspricht.
Den Sturm und seine Melodie,
er singt nur für mich.
Und goldene Sonnenstrahlen,
sie leuchten für sich.
So wie ich.

Kein Ort

Wer ich bin, möchtest du wissen?
Versprich mir aber,
mich nicht zu vermissen.

Ich bin die,
die nicht an einem Ort verweilt.
Die, die ihrem Herzen nicht zu lieben
vorschreibt.

Bin die, die im Mondlicht badet,
im Regen tanzt und
durch Milchstraßen eilt.

Die barfuß über Wiesen läuft,
mit Magie im Herzen und
Gedanken voller Feenstaub.

Ich bin die,
die nicht an einem Ort verweilt.
Weil nichts sie jemals wieder heilt.

Übertrieben

Du fragst mich,
wer ich bin und
ich denk' tatsächlich darüber nach.
Weil ich nicht weiß,
ob es eine Frage ohne Antwort ist,
oder eine Antwort,
zu der es keine Frage gibt.

Also versuchst du es anders,
gibst nicht einfach auf.
Willst es wirklich wissen und
ich hab' plötzlich Antworten darauf.

Du fragst mich,
was die Sonne in mir auslöst und
ich seh' die Antwort in deinem Blick.
Weil dein Strahlen
mich daran erinnert,
dass es nichts Schöneres,
als die Sonne gibt.
Fast schon übertrieben.

Du fragst mich
nach meinem Lieblingstier und
ich form' bloß „Schmetterling".
Weil du mich auch stumm verstehst.
Fast schon übertrieben.

Du fragst mich,
wofür meine Seele brennt und
ich schmunzel' bloß verlegen.

Weil ich es nicht auszusprechen wage,
stattdessen einfach „Bücher" sage.
Fast schon übertrieben.

Du fragst mich,
ob ich Schokolade mag und
ich nicke heftig, damit du's siehst.
Weil ich Schokolade liebe,
so wie dich.
Fast schon übertrieben.

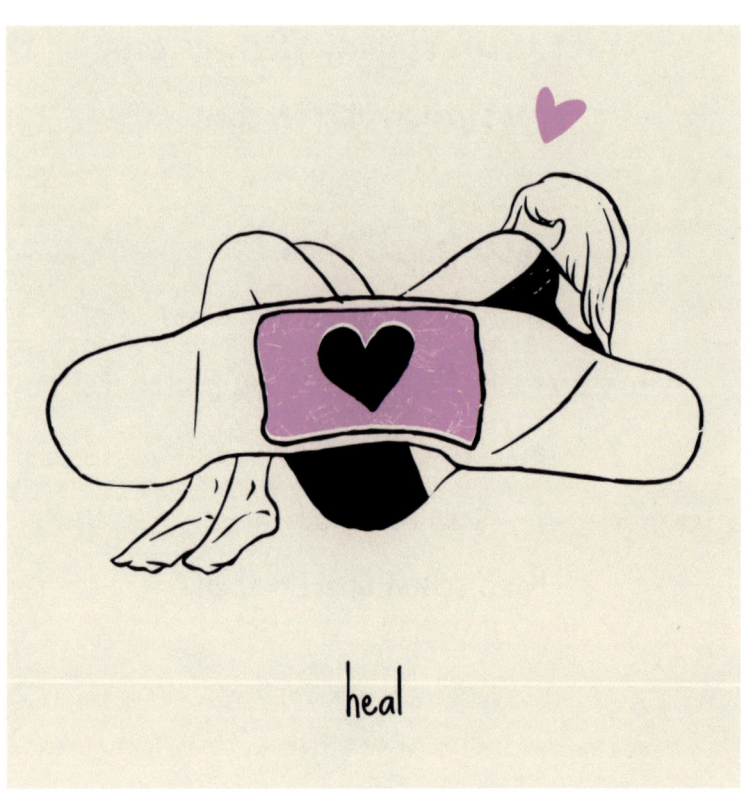

heal

In Wahrheit

Könnt' ich mit bloß einer Träne sagen,
wie sehr es mich doch schmerzt,
würd' ich nicht so viel vergeuden,
denn in Wahrheit
bist du es gar nicht wert.

to the moon
and back

Sternenfänger

In Wahrheit
existiert es gar nicht
und wir greifen bloß
nach den Sternen.

PI-PIZZA REGELT!

Unverhofft

Es gibt immer eine Lösung,
man weiß nur nie,
wie sie ausgeht.

Danksagung

Liebe Leserinnen und Leser!

Ich hoffe, dass Madisons Gedichte euch berührt
haben und bin auf all eure Meinungen gespannt.
Schon vorab möchte ich mich für jede Art von Feed-
back, Anmerkung und Kritik, aus der ich lernen und
mich weiterentwickeln kann, bedanken. Und über
belanglose Small-Talk-Nachrichten freue ich mich
sowieso!

Achja, falls ihr mal das Gefühl habt, im Chaos zu
versinken, oder überhaupt keinen Ausweg mehr zu
finden, versucht es mal auf Madisons Art und schreibt
einfach mal drauf los – Gefühle sollten immerhin
gefühlt werden!

Mit Aufschreiben funktioniert das noch dazu ganz
zeit- und ortsunabhängig – vertraut mir ...

... ääääh ich meine:

Vertraut Madison! ;-)

Sabrina Liska wurde 1995 in Judenburg geboren und lebt in einem gemütlichen Dorf in der Obersteiermark. Neben ihrem Job als Grundschullehrerin verbringt sie ihre Zeit hauptsächlich mit lesen und schreiben, doch auch das Reisen macht ihr großen Spaß. Vor allem kalte Länder wie Alaska möchte sie unbedingt eines Tages selbst erkunden. Auf Instagram ist sie unter dem Namen *@living.t.booklife* auch als Bloggerin zu Gange und natürlich ständig auf der Suche nach Büchern, die sie in fantastische Welten entführen und ihr Herz höher schlagen lassen.

Golden Falls-Trilogie

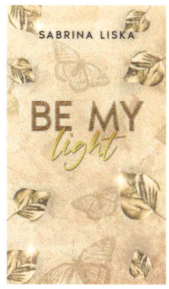

29.06.2023

13.01.2024

???

Golden Falls-Special

12.04.2025